Uitgenodigd te Spreken?   Verplicht te Spreken?   Wil je Spreken?

BETER SPREKEN

IN 60 MINUTEN

KEVIN ABDULRAHMAN

"PUBLIC SPEAKING COACH TO THE STARS"

i

De meeste mensen verwachten

geen snelle resultaten.

Ik Wel.

OVER DE AUTEUR

Public Speaking Coach to the stars.

Kevin Abdulrahman's lange lijst van cliënten bevat Acteurs, Vennoten, Ambassadeurs, Bestuursleden, CEO's, Afgevaardigden, Directeuren, Entrepreneurs, Senior Managers, Leiders op het gebied van denken, Partners, Presidenten & Royalty's.

VOORWOORD

De beste investering die je ooit kunt doen is een investering in jezelf.

Als een internationaal spreker en ambassadeur kan ik je vertellen dat het belang van spreken met impact onmiskenbaar is.

Ik ken Kevin al meerdere jaren. Hij is beroemd om zijn vermogen om wereldleiders te begeleiden bij hun communicatie en spreekvereisten.

Zijn onderliggende kracht en kunde ligt in zijn vermogen om wat hij weet aan anderen over te brengen.

Ik heb dit boek met plezier gelezen omdat Kevin het leren van spreken leuk en to the point maakt. In een van zijn hoofdstukken spreekt hij over 'een beeld schetsen', en ik spreek vanuit mijn eigen ervaring als ik zeg dat dit idee alleen al een gigantisch verschil heeft gemaakt voor de lezingen die ik aan mijn publiek van over de hele wereld heb gegeven.

De beste mensen, professionals en leiders worden vaak herinnerd vanwege hun vermogen om met impact te spreken.

De dagen van achter het bureau verstoppen zijn voorbij.

Als je serieus genomen wilt worden, financiering voor een project wilt krijgen, je teamleden wilt overtuigen, wilt leiden met invloed en wilt spreken om gehoord te worden, dan zal je je spreek-skills moeten verfijnen.

In deze tijd zal er van je verwacht worden te spreken, of het zal zelfs verplicht zijn. Zoals Kevin zegt, *"je kunt niet aan spreken ontsnappen"*.

Kevin heeft een serieus (en gevreesd) onderwerp genomen, en een makkelijk te lezen (en te implementeren) handleiding gemaakt. Iedereen kan beter worden, beter leveren en zich beter voelen – in 60 minuten.

Kevin is zo goed op het gebied van spreken, dat hij een serieuze zaak als deze gemakkelijk kon overbrengen.

Alleen dat al doet boekdelen spreken.

Als je dit boek leest, zal je begrijpen wat ik bedoel.

Als je op zoek bent naar een snelle handleiding om beter te leren spreken, dan is dit het juiste boek voor jou.

Het enige wat je nodigt hebt om beter te worden in spreken, is 60 minuten.

Let op mijn woorden. Dit zal een van de beste investeringen zijn die je ooit in je leven hebt gedaan.

Zijn Excellentie Sheikh Mohammed Bin Abdullah Al Thani,
"De Eerste Qatarees die Everest Beklom"

TOEWIJDING

Alleen jij kan de echte waarde van geschreven woorden tot uiting brengen.

Leer, pas toe, en blijf je vermogen om te spreken voor altijd ontwikkelen.

Jij bent net zo goed een onderdeel van dit boek, zoals dit boek een onderdeel van jou zal worden.

ERKENNING

Dit boek is een liefdeswerk. Druppeltjes gedestilleerd van tienduizenden uren samenwerking met sommige van de meest machtige mensen en leiders op het gebied van denken in de wereld.

Het zou een geheel nieuw boek vergen om jullie allen te kunnen noemen. Ik ben oneindig dankbaar voor alle tijd die we samen hebben gespendeerd, en die we nog spenderen.

Jullie zijn de inspiratie en de optelsom van wat dit boek vandaag te bieden heeft.

Om dit concept te laten werken was een lang eliminatieproces nodig.

Er moest veel verdwijnen zodat de meest toepasbare technieken konden blijven.

WAT IS SPREKEN?

Als je van plan bent een specifiek bericht aan een groep te communiceren, met een gewenste uitkomst, dan ben je openbaar aan het spreken, en dus, aan het spreken.

Of je nu bestuursleden wilt beïnvloeden, personeel wilt leiden, je vennoten wilt aanspreken, je bedrijf wilt representeren, als een ambassadeur een preek wilt geven of je project wilt presenteren, je zult moeten spreken.

In deze competitieve wereld, weten slimme en succesvolle mensen dat hun vermogen om te spreken een cruciale skill is.

Sommigen realiseren zich dit snel, anderen pas later.

Iedereen trekt dezelfde conclusie: er is geen ontsnappen aan spreken.

Spreken is een must voor alle mensen, professionals en leiders, wat je ook doet.

Er is een vereiste voor ieder mens op elk niveau om effectief te communiceren.

Ik draai al even mee.

Ik heb veel te veel mensen gezien die slecht spreken. Sommigen nemen niet de kans om te spreken, terwijl anderen zelfs zo ver gaan dat ze hun hele dag volplannen of zich ziek melden op dagen dat ze moeten spreken zodat ze dit helemaal niet hoeven, zelfs al is het maar voor twee minuutjes.

Misschien heb je spreken weggewuifd als iets wat je niet nodig hebt in je leven. Of misschien ben je, zoals velen vandaag de dag zo gefocust op je werk dat je deze skill tot nu toe hebt overgeslagen.

Je bent niet alleen.

De meerderheid van de mensen vertrouwd niet op hun spreekvermogen.

Ze geloven dat ze het beter kunnen.

De uitdaging die spreken met zich meebrengt is niet iets waar je overheen kunt stappen, omheen kunt glippen of waarvan je kunt hopen dat het vanzelf weggaat. Dat doet het niet.

Dus is het maar het beste dat we er mee omgaan op de gemakkelijkste en meest effectieve manier die er is bij elke uitdaging die overwonnen wordt, gewoon doen!

"De enige manier om van een probleem af te komen is door er dwars doorheen te gaan"

Anoniem

WAT IS JOUW REALITEIT?

i)   Je hebt nooit nagedacht over spreken.
ii) Je hebt het druk gehad en bent er nooit aan toegekomen.
iii) Je hebt veel boeken gekocht maar ze nooit gelezen.
iv) Je bevindt je in een positie waar mensen van je verwachten dat je spreekt.
v)   Je hebt een verplichting om te spreken. Je kan je er niet tegen verzetten.
vi) Je wil een geweldige spreker worden.

Vandaag de dag zijn onze adviescontracten met private bedrijven en publieke organisaties vooral toegewijd aan communicatietraining op alle niveaus.

Top teams willen dat *alle* mensen, van sales agents en mid-level managers tot en met hun niveau C executives, bestuursleden en Directeuren met impact Spreken.

Waarom? Omdat,

Je vermogen om krachtig te presenteren en met impact te spreken zal reflecteren hoe je publiek jou zal waarnemen, alsmede je waarde, je producten, je diensten, je bedrijf, je merk en uiteindelijk ook je geloofwaardigheid en competentie.

Maar jij WEET dit al!

OP EEN SCHAAL VAN 1 TOT 10

HOE DENK JE OVER JE VERMOGEN OM TE SPREKEN?

1   2   3   4   5   6   7   8   9
     10

Niet zo zeker   Totaal zeker

(Als het 10 is, zou je dit
boek niet moeten lezen)

"Alle geweldige sprekers begonnen

als slechte sprekers"

Ralph Waldo Emerson

INLEIDING

Ik heb dit boek geschreven zonder rekening te houden met uitgevers, distributeurs en verkopers.

Het is voor jou, degene die beter wil worden in spreken.

Zoals de komiek Tina Fey schreef over wat ze geleerd had van haar 'Saturday Night Live' baas, Lorne Michaels, "De show gaat niet door omdat ie klaar is; het hij gaat door omdat het half twaalf is."

Je bent op zoek naar iets dat beknopt en uitgebreid is.

Je hebt dit boek op de kop getikt met een specifieke reden.

60 minuten is alles wat je hebt.

Jij zit in een 'fast and furious' moment, nu je je spreekbeurt/presentatie of publieke aankondiging tot het laatste moment hebt laten liggen.

Jij moet een goede indruk maken.

Jij wilt krachtige gedachten en technieken die je meteen kan uitvoeren.

Ik heb hard gewerkt om er zeker van te zijn dat elk woord (en de tienduizenden die ik heb weggelaten) je onmiddellijk zullen helpen met je spreekvermogen.

Ik heb het boek bij elkaar gepuzzeld voor jou als referentie (overleef en gedij) elke keer dat je moet gaan spreken.

Ik wil dat je spreken leuk gaat vinden zoals ik duizenden anderen in mijn seminars over de hele wereld heb geleerd, op een ontwapenende en relaxte manier.

De gedachten en technieken zijn simpel te implementeren, en zullen toch een significant verschil maken voor je resultaten.

Als je het gevoel hebt dat je dicht bij half twaalf komt, maak je geen zorgen, ik snap je!

60 minutes to better public speaking zal je helpen een betere spreker te worden.

Dat beloof ik.

Deze technieken hebben gewerkt voor Presidenten.

Het zal voor jou werken.

Je 60 minuten starten NU!

1. LUISTER NAAR MAMA

Misschien voel je je oncomfortabel bij de gedachte te moeten spreken.

Angstig, gestrest, gespannen, een stijve nek, zere keel, droge mond, misschien bedenk je zelfs om je ziek te melden (ik heb dat veel te vaak gezien) allemaal vanwege een spreek evenement.

Mama vertelde me vroeger als kind altijd dit,

"Kevin stop. Haal 10 keer rustig adem. 10, 9 , 8, 7, 6, 5, 4, 3, 2, 1. Oké, ga nu wereld maar veroveren".

Ik weet wat je nu denkt.

Ik dacht hetzelfde.

Wat heeft ademen nou te maken met het wegnemen van mijn zenuwen om te moeten gaan spreken?

Zonder te wetenschappelijk te worden, als je stopt en rustig 10 keer ademhaalt vul je je longen en vervolgens je hersenen met meer zuurstof.

Je zult ook merken dat alles langzamer gaat (zoals je in de films ziet) en je voelt dat je rustig wordt.

Zorg ervoor dat je volledig ademhaalt, zodat je je diafragma vult (de ruimte net onder je ribbenkast). Een goede ademhaling resulteert in een opbollende buik alsof je in een keer een week aan eten hebt ingeslikt.

Mijn moeder is nu jouw moeder, wat betekent dat je naar haar moet luisteren.

Haal 10 keer diep adem.

Het kost je minder dan 2 minuten.

Twee minuten die al het verschil zullen maken.

"Lucht boven me, Aarde onder me, vuur in me."

SKYRIM

2. HET GEHEIM IS BEKEND

Ik heb tienduizenden mensen uit allerlei milieus geholpen door ze een geheim te vertellen.

Wil je weten wat het is?

Kom wat dichterbij zodat ik je kan vertellen wat ik hen vertel.

Have *fun*.

Jij zegt: "Kevin, Ik ben een intellectueel. Ik moet spreken over iets dat in de categorie saai maar belangrijk valt".

Ik zal je nog steeds hetzelfde zeggen: Have fun.

De meeste mensen zijn het aangeboren vermogen en verlangen van mensen om plezier te hebben vergeten.

Jij presteert het beste als je het naar je zin hebt, en om eerlijk te zijn kan het me niet schelen hoe serieus je geworden bent, je weet hoe je lol moet maken. Je wist dit op z'n minst op een moment in je leven.

Zeg eens, wanneer was de laatste keer dat je een lezing, training, media presentatie of conferentie bijwoonde met de vrijwillige intentie om je kapot te vervelen?

Dat heb je niet.

Geloof me als ik zeg dat jouw publiek (wat het geval ook mag zijn) niet anders is dan jij en ik.

Ze willen niet tot in een coma sufgeluld worden.

Ze zouden het geweldig vinden om geëngageerd te worden wanneer ze je horen spreken.

Plezier hebben is een houding.

Als je voor deze houding kiest dan zal je meer leren, streven naar het verfijnen van je gedachten, je beste werk leveren en je spreek skills oppoetsen en verbeteren totdat je elke spreekmogelijkheid durft aan te grijpen.

Als je plezier hebt zal je publiek veel receptiever zijn voor je gedachten, ideeën en suggesties.

Als je het naar je zin hebt zal je publiek jou zien als iemand die charismatisch is, comfortabel, zelfverzekerd en indrukwekkend.

Zeg eens eerlijk wil je dat niet allemaal?

Natuurlijk wil je dat wel.

3. ZO ERG IS HET NIET

Hier is nog een vraag die ik aan mijn cliënten stel.

Wat is het ergste dat er kan gebeuren als gevolg van jouw spreken?

Ik wil dat je dit opschrijft.

In de meeste gevallen, blijft iedereen in leven.

Als dat niet het geval is, dan is het lezen van dit boek en het verwachten van antwoorden een onrealistische oplossing voor wat jij nodig hebt.

Als het niet levensbedreigend is, relax.

"Zelfs als je op je

gezicht valt, ga je nog

steeds vooruit."

Robert Gallagher

4. SLECHTS EEN GEDACHTE

Je bent misschien bezorgd over wat je publiek zal denken wanneer je jouw boodschap verkondigt.

Laat me zeggen wat ze niet zullen denken.
 "Hahaha moet je haar zien. Ze is zo nerveus. Kneus."

Wat ze zullen denken (99.99% van de tijd) is,
"Jee, Ik ben blij dat ik daar niet sta".

"Als je door een hel gaat, ga dan door"

Winston Churchill

5. GEBRUIK HET JUISTE KADER

Wanneer gevraagd om te spreken, zullen vele mensen praten over hoe geweldig ze zijn, wat hun bedrijf allemaal doet en de geweldige productlijn en diensten die ze aanbieden.

STOP!!!

Je bent misschien aan het spreken, maar vermijd de fout van het presenteren van een praatje dat om jou draait (en wat je vertegenwoordigt).

Je gehele boodschap moet gericht zijn op een simpel principe: 'WIIFM" – What's In It For Me.

Bedenk telkens als je bezig bent met het ontwikkelen van je boodschap: "wat heeft mijn publiek hier aan"?

Als je een sales achtergrond hebt dan weet je dat mensen geen eigenschappen kopen (verkeerde kader).

Ze kopen voordelen (juiste kader).

Het gaat er niet om hoe geweldig jouw organisatie is, het gaat erom hoe jouw publiek er van kan profiteren, en wat je hen te bieden hebt.

Zorg altijd voor dit kritieke element.

Kader het, voordat je het uitspreekt.

"Het doel van effectieve communicatie

is dat luisteraars zeggen 'Ik ook!'

in plaats van 'Ja, dus?'"

Jim Rohn

6. JIJ EN ANGST

De meeste mensen delen dezelfde algemene angsten wanneer het gaat om spreken.

Angst voor het onbekende

Angst voor afwijzing

Angst om er dom uit te zien

Angst te worden uitgesloten

Angst voor eerdere fouten

Angst om het verkeerd te doen

Angst voor Black-Out

Angst om incompetent over te komen

Angst om er onnatuurlijk uit te zien

Angst niet leuk gevonden te worden

Pas toe wat ik met je deel in dit boek, en al deze angsten zullen in rook opgaan.

Je verleden is niet je toekomst.

Nou en als je spreekt en er gaat iets mis?

Dit kan de beste overkomen.

Al deze angsten komen voort uit ervaringen uit het verleden, ervaringen van anderen en een onjuist referentiekader: jij.

Let's deal with it.

"I moet geen angst hebben.

Angst is the geestdoder. Angst is de kleine dood die totale uitwissing brengt.

Ik zal mijn angsten onder ogen zien.

Ik zal toestaan het over en door me heen te laten gaan. En wanneer het voorbij is, zal ik mijn blik draaien en het nakijken.

Waar de angst verdwenen is, zal er niks meer zijn.

Alleen ik zal blijven."

Frank Herber

7. WAAROM ZO SERIEUS?

Dus jij moet spreken?

Waarom altijd zo serieus?

Als je altijd zenuwachtig bent dan klopt er iets niet.

Jij denkt dat het om jou gaat.

Newsflash! Het gaat niet om jou.

Het gaat om het publiek.

Het is jouw taak om een boodschap aan het publiek te geven.

Het jouw taak om voor je publiek te zorgen.

Zorg genoeg zodat je er zeker van bent dat je publiek de juiste boodschap meekrijgt.

Ooit op straat gelopen terwijl een compleet vreemde naar je glimlachte?

In de meeste gevallen is de meest natuurlijke en instinctieve reactie om terug te glimlachen.

Er is een mensenwet, krachtig in de uitkomst die het voortbrengt, simpel in het gebruik.

De wet van beantwoording stelt dat wij als mensen geneigd zijn datgeen we ontvangen te beantwoorden.

Het kan mensen niks schelen hoeveel je weet totdat ze weten hoeveel het jouw kan schelen.

We vinden hen leuk, die ons leuk vinden.

We houden van hen die van ons houden.

We geven om hen die om ons geven.

Je zou flink je best moeten doen om iemand te vinden die jij leuk vind, terwijl die persoon jou niet leuk vindt. Als dat lukt, gefeliciteerd, maar er zijn er niet veel.

Geef om je publiek en zorg voor hen.

Ze zullen het zien, waarderen, en als gevolg daarvan dit gevoel beantwoorden door om jou te geven, en naar je te luisteren.

8. HER-LABEL JE GEVOELENS

Denk aan de eerste keer dat je op date ging.

Enthousiast. Opgewonden. Nerveus. Angstig. Hartkloppingen. Vlinders. Sommigen of alle bovenstaande.

Maar jij labelde het als positief!

Jij bepaalt hoe je je gevoelens labelt, iedere keer.

Dit is bij spreken niet anders. Her-label je gevoelens.

Onbruikbaar label	Nieuw Positief Label
Angstig	Mooi. Je leeft.
Flippen	Enthousiast/opgewonden
Nerveus	Jij bent een rockster, doe je best!
Beangstigend	Dat is het ook als je een baby krijgt, maar wel leuk.
Slapeloos	Mooi, dan heb je meer tijd om te oefenen.

De beste sprekers gebruiker gedachtenspelletjes.

Het werkt voor hen.

Het zal ook voor jou werken.

"Draai je gezicht in de zon en

de schaduw zal achter je komen"

Maori Proverb

9. SCHAT JE TEGENSTANDER IN

Als dit een boksring was waarin je zou moeten vechten tegen een tegenstander die nog nooit verslagen is, twee keer jouw bereik heeft, drie keer zo groot is, en ow, dat was ik bijna vergeten, de wereldkampioen is. Veel succes ermee!

Laten we eerlijk zijn, die wedstrijd win je niet.

Ik heb goed nieuws: je bevindt je niet in een boksring.

Het slechte nieuws is, je tegenstander is veel heftiger dan ik beschreven heb.

Wanneer je spreekt sta je tegenover wat nog steeds als de meest machtige machine in de geschiedenis van de mens wordt beschouwt.

Je hoeft niet te dealen met een smartphone of tablet.

Jij moet dealen met menselijke gedachten.

De meeste mensen spreken tussen de 120 en 180 worden per minuut. Dit is een slakkengang wanneer je het vergelijkt met de 400+ woorden die de hersenen kunnen verwerken.

Dit betekent dat als je een slap verhaal ophangt, of een slechte presentatie geeft, jullie tweeën (jij en de gedachten van je publiek) binnen de kortste keren kilometers van elkaar verwijderd zijn.

"Het allergrootste probleem bij

communicatie is de illusie dat het

heeft plaatsgevonden"

George Bernard Shaw

En alsof dat nog niet genoeg is, heb ik nog meer slecht nieuws voor je.

A.D.D werd gebruikt als een klinische term om rusteloze mensen te beschrijven.

Dankzij piepjes, tweets, pings, rinkeltjes en andere mentale bliepjes, durf ik wel te stellen dat iedereen vandaag de dag aan A.D.D. leidt. (en ik sta helemaal bovenaan de lijst).

Dat is nog eens een wrede wedstrijd!

Oplossing:

Wees Scherp.

Wees Gericht.

Hoe?

Blijf lezen.

10. TEKEN DE EINDSTREEP

Het is waarschijnlijk dat je een expert bent op het gebied waar je over gaat spreken.

Dit betekent dat je uren achter elkaar kunt praten over jouw onderwerp.

Intuïtief denk je: Mooi!

Nee, dat is niet het geval.

Jouw publiek geeft je nog geen paar minuten de tijd, laat staan een paar uur.

Je publiek is bezig met andere dringende zaken in hun leven.

Ze hebben geen tijd voor gezwets.

Als je niet gericht bent krijg je niet eens een minuut.

De meeste mensen ontwikkelen hun boodschap vanaf een beginpunt.

Dat klinkt misschien goed, maar dat is het niet.

Twee belangrijke vragen blijven onbeantwoord, dit leidt ertoe dat mensen zich beginnen te frustreren en zich totaal verwijderd gaan voelen van hun publiek. Het probleem: er is geen einde in zicht.

Je moet beginnen met het bedenken van je eindstreep.

Beantwoord deze twee vragen:

Wat is het doel van jouw spreken?

_____

Wat wil je dat je publiek onthoudt (of doet) nadat je gesproken hebt?

_____

Je vindt in het begin wellicht lastig om een precies antwoord te geven, maar je moet jezelf dwingen dit te doen totdat het glashelder is.

Dit is het brandpunt van waaruit je een heldere richting gaat opbouwen.

Bedenk dit. Jij verlaat je kantoor en stapt in je auto. De vraag die je uiteindelijk zult moeten beantwoorden om weg te kunnen rijden is, "naar welke bestemming ga ik"?

Dus vraag ik je je dezelfde vraag te stellen over je presentatie.

Waar ga je heen met je presentatie?

Naar welke bestemming breng je je publiek?

Pas als je een beoogde eindstreep hebt kun je beginnen.

11. LAAT HET STORMEN

Doe lekker gek

Schrijf al je gedachten op papier.

Schrijf het overal.

Schrijf het op zelfs als het nergens op slaat.

Schrijf zonder te editen.

Schrijf vrij.

Schrijf in overvloed.

Schrijf alsof je een tweede leven zult krijgen.

Schrijf alles wat in je op komt.

Als de tijd het toestaat, neem even pauze. Wellicht bedenk je later op de dag meer (als je boodschappen aan het doen bent). Dat gebeurt altijd. Kom terug en schrijf het op.

Schrijf totdat je uitgeput bent.

Wanneer je het kader aan het opstellen bent voor je presentatie heb je mijn toestemming vrij te brainstormen.

Dit is de plek en wellicht de enige keer dat je totale vrijheid hebt om onzin op te schrijven.

Pas op: De meeste professionals gaan nu hun presentatie doen en vragen zich vervolgens af waarom hun publiek met glazige ogen zit te kijken, en in een coma raakt.

JIJ ZULT DIT NOOIT DOEN.

"Iedere spreker heeft een mond

dat staat wel zo mooi

Soms is deze gevuld met wijsheid

Soms gevuld met hooi."

Robert Orben

12. EEN PIJNLIJK PROCES

Nadat je al je goede ideeën, gedachten, verhalen, analogieën en voorbeelden hebt opgeschreven komt het filterproces.

Het is leuk om mee te beginnen, maar hoe langer je bezig bent, en hoe meer je moet verwijderen, hoe pijnlijker het wordt.

Als het bijdraagt aan je doel, dan blijft het.

Doet het dat niet, streep het door.

Iedereen denkt dat hun gedachten geweldig zijn (en dat kunnen ze zijn) maar de gedachten van het publiek zijn meedogenloos.

Je hebt helaas niet de luxe om emotioneel te worden over je inhoud.

Als je het publiek verwart of verveelt zullen ze je boodschap negeren.

Er zijn géén tweede kansen.

Dit boek was origineel 500 pagina's (na editen).

Stel je de wreedheid eens voor om dat te condenseren tot een versie van 60 minuten.

Als ik tien minuten moet spreken, heb ik
een week voorbereiding nodig;

Vijftien minuten, drie dagen;

Een half uur, twee dagen;

Een uur, daar ben ik nu klaar voor.

Woodrow Wilson

Bedenk je goed, hoe korter je de tijd hebt om je boodschap over te dragen, des te harder je moet werken.

Nu heb ik je aan het denken gezet.

Wat moet blijven, wat moet weg?

Ik dacht dat je het nooit zou vragen.

13. SHOULD I STAY OR SHOULD I GO?

Je zult geconfronteerd worden met het feit dat je goede stukken zult moeten weghalen.

De vragen die je moet stellen zijn:

1. Wat is het doel van mijn spreken?
2. Ligt dit punt op één lijn met wat ik uiteindelijk wil bereiken?
3. Past het?
4. Stroomt het? (Ik kom hier zo op terug)

In veel gevallen heb ik met cliënten zo veel goed materiaal verwijderd dat ze dit konden gebruiken voor nog een paar presentaties. Ze hebben het voor de toekomst bewaard op het reservebankje. Jij kunt hetzelfde doen.

Soms lijken jouw feiten, gedachten en ideeën op het eerste gezicht geweldig, maar na een tijdje klinkt het toch niet goed. Of het past wellicht niet bij wat je uiteindelijk wilt bereiken.

Wat doe je dan?

Verwijderen.

Blijf alle stukjes overgewicht verwijderen van de body, tot het stuk, de presentatie, de pitch of je spreken een super fitte, gespierde machine is die klaar is om de wrede tegenstanders aan te pakken.

"Als je het niet gemakkelijk uit kan leggen, dan begrijp je het niet goed genoeg."

Albert Einstein

14. EDWARD WIE?

Edward Everett wordt zelden herinnerd als spreker.

Ken jij hem?

Maak je geen zorgen. Gedurende de afgelopen jaren heeft slechts 5% van de mensen die naar mijn seminars komen van hem gehoord.

Edward was een spreker in 1863, hij sprak meer dan 2 uur.

Dus wat is er nu zo speciaal aan het niet herinneren van Edward en zijn twee uur durende speech?

Dat je waarschijnlijk wel gehoord hebt van de man die na hem sprak: Abraham Lincoln.

Hij was niet de belangrijkste spreker van de dag.

Hij had niet de twee uur die Edward had.

Maar, tot aan deze dag wordt Abraham Lincoln herinnerd om de iconische Gettysburg speech die hij gaf.

De lengte van zijn speech?

Twee minuten. 10 zinnen. 272 woorden.

15. GRIJP HUN AANDACHT

"Goede middag dames en heren, dank voor uw komst, vandaag zal ik het gaan hebben over..."

Als je hiermee start dan weet je publiek onbewust al hoe laat het is.

a. Dit wordt super SAAI!!!
b. Waar ben ik nu weer? Ik heb nog zoveel werk te doen.
c. Wie ziet er het meest relaxt uit? Moet ik naar links of naar rechts hangen om in slaap te vallen.

Je hebt de wedstrijd verloren met je introductie.

Als je je publiek in het begin niet weet te boeien dan heb je geen kans om je boodschap over te brengen (hoe goed je ook bent).

Mensen vandaag de dag zijn in gedachten verzonken en vermoeid.

Je publiek zal meestal (en vat dit niet verkeerd op) met hun gedachten ergens anders zijn, gestrest onder hun werkdruk, getraumatiseerd door de opstapelende e-mails, de kinderen, het avondeten, je snapt wat ik bedoel.

Het laatste wat ze willen is iemand die nog meer ruimte probeert in te nemen in hun gedachten.

Als je hetzelfde begint als ieder ander dan zing je feitelijk een slaapliedje: hallo coma!

Je kan een volle zaal toespreken, totdat je realiseert dat het een zaal vol zielloze lichamen is.

Het huis is mentaal leeg.

Het is jouw taak om het publiek mentaal in de zaal te krijgen.

Grijp hun aandacht.

"Hoe doe je dat?", hoor ik je vragen.

"Gladde zeeën maken geen ervaren zeilers"

African proverb

16. START ANDERS

"I think my career just peaked" dat waren Colin Firth's eerste woorden na het in ontvangst nemen van de Oscar voor zijn rol in The King's Speech.

Je zou met een verassend en onbekend feit kunnen beginnen dat de aandacht trekt bij mensen. Bijvoorbeeld, als je in de vliegtuig sector werkt en moet spreken over een bepaald onderwerp: veiligheid.

"Wist je dat de kans om te overlijden 8 keer groter is tijdens autorijden dan tijdens vliegen?"

Je onderwerp kan saai zijn.

Je onderwerp kan belangrijk zijn.

Maar jij hebt het recht niet om dat als reden te gebruiken om je publiek te verdoven.

Wees creatief.

Begin in het midden van de zaal.

Begin achterin.

Begin met het aanstippen van een dilemma.

Begin met een feit.

Begin met impact.

Begin met een quote.

Deel een anekdote.

Begin met een afleiding (relevant aan een punt dat je wilt maken)

Gebruik actie om je punt over te brengen.

Stel je voor dat je naar een evenement gaat en de spreker van die avond heeft, om zijn punt kleur bij te zetten, een pyjama aan.

(als je dit niet gezien hebt, google: 'Leadership Speaker Pyjamas')

Wind de gedachten van je publiek op.

Grijp hun aandacht, of je kan beter naar huis gaan.

"Iedereen die vrijheid verruilt voor veiligheid verdiend geen van beide"

Benjamin Franklin

17. DAT MAAKT GEEN INDRUK

Een presentatie gaat veel te vaak mis omdat de spreker zijn ego wil strelen.

Ik heb professionals gezien die hun spreektijd misbruiken om hun eigen kunnen, vocabulaire en jargon, complexe scenario's en gelikte presentaties te showen.

Ze leuteren teveel, zogenaamd om te laten zien hoe slim ze zijn.

Laat me dit zeggen, er is niks slims aan deze aanpak.

Het doet afbreuk aan je doel als spreker.

Je uiteindelijke doel is niet om indruk te maken op je publiek.

Jouw doel is om een boodschap over te brengen.

Als je dit doet zal je publiek onder de indruk zijn.

Dit kan dan misschien showtime zijn voor je, het is niet de tijd om jezelf te gaan showen.

Dit is voor jou de tijd (een hele korte tijd) om over te brengen wat je wilde, een duidelijke, doelgerichte boodschap, met impact.

Leuter niet.

Gebruik geen jargon (behalve als iedereen in de zaal bekend is met het jargon).

Je vocabulaire zou niet gericht moeten zijn op indruk maken op mensen, (anders had je maar rapper moet worden).

Wordt niet te gelikt en gemaakt.

Houd het eenvoudig.

Breng je boodschap over alsof je tegen een kind van 10 praat.

Zoals alle goede sprekers begreep Winston Churchill de kracht van eenvoud.

Toen hij in Oktober 1941 zijn beroemde speech gaf koos hij een belangrijke boodschap en bracht deze over.

"Never Give In. Never Give In. Never. Never. Never"

Een belangrijke boodschap die steeds herhaald wordt.

Scherp.

Gefocust.

Dat is hoe je iets met impact overbrengt.

Je *zult* indruk maken.

"Denk als een wijs man, maar communiceer in de taal van de mensen."

William Butler Yeats

18. LAAT HET STROMEN

Heb je ooit naar een rivier gestaard?

Een rivier stroomt gewoon, moeiteloos, prachtig.

Wanneer je begint met je presentatie, wil ik dat je jouw boodschap als een rivier ziet. De stroom van informatie moet duidelijke betekenis hebben.

Ik heb mensen gezien die beginnen een achterlijke hoeveelheid onzin te vertellen, met de verwachting dat hun publiek het op de een of andere manier wel begrijpt.

Word wakker!

Als het voor jou niet duidelijk is, dan is het dat ook niet voor je publiek.

Als het wazig is in jouw gedachten, dan is het een zandstorm in de gedachten van jouw publiek.

Als je publiek er over na moet denken, ben je ze kwijt.

Het laatste wat je wilt is dat je publiek moet gaan bedenken wat je net gezegd hebt.

Ze zullen gewoon stoppen met luisteren, punt.

Je publiek ziet geen kans om wat je bedoelt in twijfel te trekken?

Je publiek heeft geen tijd om na te denken over wat je zegt.

Herlees de bovenstaande regel totdat het helemaal tot je doordringt.

Zeg wat je bedoelt, bedoel wat je zegt.

Je presentatie moet gemakkelijk zijn voor je publiek.

Ik verneder het publiek niet.

Ze zijn slim. Ze zijn ook mentaal lui.

Ze willen gewoon niet denken, of moeten denken.

Ze moeten je moeiteloos kunnen volgen.

Jij bent degene die er staat.

Jij bent het die presenteert.

Jij bent verantwoordelijk voor een duidelijke boodschap. Niet het publiek.

Onthoud dat een rivier moeiteloos stroomt.

Stroomt jouw rivier van informatie?

"Hij die wil overtuigen zou zijn vertrouwen niet moeten stoppen in het juiste argument, maar in het juiste woord"

Joseph Conrad

19. MAAK ER EEN FILM VAN

Vermijd onthouden.

Dit klinkt misschien vreemd aangezien veel professionals trots zullen zijn te kunnen zeggen dat ze hun zegje uit hun hoofd hebben geleerd.

Uiteindelijk zal je een beladen hoofd krijgen en dit gaat je hinderen wanneer het tijd is om te presteren.

Als je kalm en jezelf meester wilt zijn voordat je gaat spreken, verlos je hoofd dan van alle onnodige ballast

Geef je boodschap structuur: zoals een verhaallijn voor een film.

Daarna kun je, zoals bij elke film, de gebeurtenissen visualiseren omdat ze logisch zijn.

Denk aan de laatste keer dat je met een vriend sprak en een film, je vakantie, of zelfs het afgelopen weekend aanhaalde.

Je verhaal heeft een begin, gevolgd door een aantal gebeurtenissen en een einde.

Het had een stroompje, weet je nog? De rivierstroom.

Het kan zijn dat je elk detail nog herinnerde of dat je een paar kleine dingen vergeten was.

Maar je had een vloeiend verhaal van begin tot eind.

Een simpele verhaallijn kan jou (met behulp van triggers) helpen je gedachten te visualiseren en linken, van begin tot eind.

Leer je presentatie niet uit je hoeft, maak er een film van.

20. BRENG TOT LEVEN

Er zijn te veel professionals die hun boodschap volproppen met feiten en cijfers.

Zij verwachten dat het publiek logisch denkende wezens zijn.

Sorry, ik vind het niet leuk om je dit te moeten zeggen, maar we zijn emotionele wezens. We prefereren levendige beelden boven verdovende cijfers.

Als je feiten wil presenteren die indruk maken, moet je een beeld schetsen in de gedachten van je publiek.

Help je publiek zich te realiseren wat je bedoelt.

Feit: "Burj Khalifa is met 828m de hoogste toren in de wereld.

Het statement is een feit, maar het is slechts een getal.

Het komt niet eens in de buurt bij het schetsen van een beeld en misschien het volgende,

"Burj Khalifa is de hoogste toren in de wereld. Met 828m heeft het de lengte van 8 voetbalvelden op elkaar gestapeld.

Jij bent de schetser, en de gedachten van jouw publiek is als een leeg canvas.

Roep hun emoties op. Verken hun gevoelens.

Geef je boodschap kleur, geef het schaduw.

Geef het diepte, geef het dimensie.

Geef het smaak.

Geef het gevoel, geef het structuur.

Jouw publiek kan alleen zien wat jij ziet, maar dit gebeurt alleen nadat jij ze een duidelijk beeld hebt geschetst.

"Ik droom mijn schilderij en ik schilder mijn droom"

Vincent van Gogh

21. PROJECT KRACHT

Uhmms, uhhs, zoals, weetjewel, oké, eigenlijk...

Zet dat maar uit je hoofd.

Er zit kracht in pauzeren.

Stilte is voor de meeste mensen oncomfortabel.

Gebruik het als je kracht.

Jouw vermogen om een moment te pauzeren zonder tussenwoordjes te gebruiken zal je helpen zelfvertrouwen uit te stralen.

Je zal gezien worden als iemand die zich comfortabel voelt, in controle.

Door te pauzeren geef je je publiek een kans om te overdenken wat je zojuist hebt gezegd.

Door te pauzeren zal je publiek aan je lippen hangen, wachtend totdat je met impact je statement maakt.

Pauzeren is de interpunctie die je anders zou gebruiken om te communiceren met je lezer.

Pauzeren geeft je evenwicht.

En om helemaal eerlijk te zijn, pauzeren geeft je een paar seconden de tijd om jezelf bijeen te rapen (als je je rode draad even verloren bent) en je volgende punt met kracht neer te zetten.

Je snapt wat ik bedoel.

Pauze.

"Goed getimede stilte bergt meer welsprekendheid dan praten"

Martin Fraquhar Tupper

22. KORT EN BONDIG

Bekijk met alles wat je nu hebt geleerd je presentatie nog eens.

Bekijk elk punt.

Vraag jezelf: "Hoe kan ik dit opruimen? Het korter maken? Het krachtiger maken?"

Als je spreekt, moet wat je zegt slechts lang zijn uit noodzaak, nooit uit keuze.

Wil je gezien worden zoals bekende orators, leiders op het gebied van denken en Presidenten?

Dat kan.

Dit is hoe de meeste krachtige sprekers hun publiek winnen:

Ze gebruiken:

a. Korte zinnen
b. Eenvoudige woorden
c. Termen waar iedereen zich mee kan identificeren.

Kwaliteit boven kwaliteit

Minder is meer.

"Een goede speech moet zijn als een rokje, lang genoeg om het belangrijke te dekken, en kort genoeg om interesse te wekken."

Anonymous

23. PRESIDENTIËLE AFSLUITING

Mensen herinneren het eerste en het laatste dat je zegt.

Als je publiek gevraagd werd naar één ding dat ze onthouden hebben aan je boodschap, wat zou het dan zijn?

Wat is de samenvatting en reden van je presentatie?

Wat is de boodschap voor mensen die naar huis rijden?

Het einde is waar je het publiek klaarstoomt om in actie te komen.

Wat is jouw aanzet tot actie?

Breng het thuis.

Volg het spreek-spreekwoord: "Heb een krachtig, boeiend begin, en een sterk, herinneringwaardig einde, en plaats die twee zo dicht mogelijk bij elkaar".

Let op: Als je tijd hebt om te oefenen, kijk dan naar de laatste twee minuten van sommigen van je favoriete politici tijdens hun campagne. De eindes die zij gebruiken zouden je moeten helpen te begrijpen wat hun boodschap en de actie die ze willen verwezenlijken is.

Eindig positief.

Eindig met hoop.

Eindig met een glimlach.

Eindig met evenwicht.

Eindig met kracht.

Je laatste woorden worden herinnerd, zorg dat ze er toe doen.

"Yes We Can!"

Barack Obama

Campagne slogan, 2008

24. JE BENT BETER DAN JE DENKT

Ik geloof het.

Nu hoef ik het alleen nog aan jou te laten zien, en je het doen geloven.

Ten eerste geloof ik dat er een reden is dat je gekozen bent om te komen spreken. Wat je te zeggen hebt heeft waarde die je kunt delen met je publiek.

Geloof me maar.

"Als je denkt dat je het kan, of als je denkt van niet, dan heb je waarschijnlijk gelijk"

Henry Ford

Ten tweede, zodat je niet denkt dat ik een motivatie bla bla bla soort spreker ben, laat me je dit advies geven om je te ondersteunen in het geloof in jezelf.

Gebruik even iets om jezelf op te kunnen nemen (laptop, smartphone, of een camcorder als je die nog gebruikt) en neem jezelf op terwijl je spreekt.

Je zult:

a) Je bewust worden waar je aan moet werken.

b) Realiseren wat ik veel van mijn cliënten help waarderen wanneer ik workshops of trainingen geef. Zoals bij elke situatie die ik heb meegemaakt, zal je merken dat je veel beter overkomt dan je denkt.

Neem jezelf op, kijk en verras jezelf met je probeersel.

Ik weet het, ik weet het, trakteer me maar op een koffie als we elkaar ontmoeten. Ik vind jou ook geweldig.

25. STA RECHTOP

Vanaf het moment dat je een ruimte in loopt, of zelfs als je je auto uitstapt is het game on.

Je houding (rechtop staan) laat zien dat je zelfverzekerd en in controle bent.

Je moet in balans lopen en staan.

Hoe je overkomt is de structuur die je meegeeft aan wat je zegt.

Als je spreekt moeten je benen op heupbreedte uit elkaar staan. Voldoende om je balans te houden. Je wilt niet van links naar rechts of van voor naar achter wiebelen.

Je schouders moeten naar achteren gedrukt zijn, je hoofd in het midden en zorg dat je naar het publiek kijkt.

Je staat rechtop.

Je luchtwegen zijn geopend zodat je met gemak kunt praten.

Dit is de houding van een winnaar.

Je dwingt respect af, bent in controle en ziet er comfortabel en competent uit.

Sta er.

Ben er.

Sta rechtop.

"Een goede lichaamshouding reflecteert
een passende gemoedstoestand."

Morihei Ueshiba

26. ONTWAPEN EN VERBIND

Wist je dat kinderen 400 keer per dag lachen.

Dat neemt af tot slechts 15 keer als je volwassen bent.

Als het op spreken aankomt dan zakt het gemiddelde nog lager naar slechts vier tot vijf keer, en dan ben ik nog genereus.

Er zijn zoveel mensen die geweldig zijn als ik ze één op één spreek.

Dan spreken ze een groep toe.

Opeens zien ze er opgezet uit (geen prettig gezicht).

Laat me je iets vertellen.

Voor kunnen, komt gunnen.

Een normaal of chagrijnig gezicht zorgt er niet voor dat mensen je leuk vinden.

Mensen worden aangetrokken door een natuurlijk glimlach.

We voelen ons goed als we lachen, of wanneer we anderen zien lachen.

Voordat je een kans hebt te laten zien wat je kan, moet je je publiek voor je winnen. Door te glimlachen gaan ze je leuker vinden.

Ben je leuk, dan luistert je publiek.

Je kunt je publiek vertellen dat je blij bent ze te zien, samen met hen te zijn, en je boodschap te delen. Maar je gezicht moet dit ook weten, en tonen.

Dit kun je allemaal zeggen met een oprechte glimlach.

Begrijp dat je gezicht moet uitdrukken wat je zegt. Behalve wanneer je een eulogie aan het voorlezen bent, of met de media dealt tijdens een crisis is glimlachen de snelste manier om je publiek te ontwapenen en om je met hen te verbinden.

Het is aan jou om het toe te passen afhankelijk van de context wanneer, waar en waarom je aan het spreken bent.

Een glimlach is gratis, maar het kan onmetelijke goodwill kopen.

Je zult de meerderheid van je publiek met je mee hebben vanaf het moment dat je begint.

Je glimlach is een wapen. Gebruik het.

"Je glimlach is een boodschapper

van je goede wil"

Dale Carnegie

27. BEWEEG MET EEN DOEL

Blijf niet stilletjes achter de lessenaar staan (behalve als je een speech geeft die internationaal wordt uitgezonden).

Verberg je niet achter dingen, ze zullen je niet redden.

Beweeg niet zonder reden, je publiek zal je niet volgen.

Loop niet teveel heen en weer en wiebel niet, ze zullen de ambulance bellen.

Wees niet vastgelijmd op één plek, je maakt dan onderdeel van de meubels uit.

Onthoud, je publiek heeft een korte attentiespanne.

Nadat je hun aandacht heb gekregen aan het begin, moet je deze continu zien vast te houden.

Je moet ze engageren met alles wat je hebt.

Gebruik de ruimte die je hebt.

Afhankelijk van de situatie kun je soms alleen een klein stukje bewegen (zoals op een podium) gebruik dan links, midden en rechts.

Als je in een kamer bent, gebruik dan de gehele kamer.

Beweeg. Maar alleen met een doel.

Beweeg naar één kant van de ruimte, en maak je punt.

Je kunt dan je volgende punt maken door de volgende beweging te starten.

Dit zal je publiek activeren, je helpen de ruimte te benutten en belangrijker, een impact geven aan je boodschap.

Veel beter dan een stijve "achter de lessenaar spreker" toch?

"Je kunt briljante ideeën hebben, maar als je ze niet kunt overbrengen zullen ze je nergens toe leiden."

Lee Iacocca

28. GEBARENTAAL

Gebaren zijn belangrijk om je boodschap over te brengen, opnieuw met een doel.

Flapper niet met je armen alsof je een hartaanval hebt of probeert om 3 vliegen in een klap te vangen.

Houd je armen boven je taille.

Je gebaren zijn gebarentaal. Ze moeten overeenkomen met wat je zegt.

Je handen moeten alleen bewegen wanneer je een punt maakt.

Als je zegt dat iets groot is, zorg er dan voor dat je gebaar groot aanduidt, en niets anders.

Ik smeek je, doe alsjeblieft niet iets omdat je een bekend persoon dit hebt zien doen.

De krachtige pose is een pose die je natuurlijk hebt. Niet een pose die je tien minuten aanhoudt omdat je denkt dat het kracht uitstraalt.

Je zult er niet alleen uitzien als een aap, je zult als nep overkomen.

Je publiek wil niks dat nep is, ze willen een authentieke spreker.

Je krijgt respect van je publiek door authentiek te zijn.

Wil je krachtig overkomen?

Neem een paar gesticulaties van bijvoorbeeld presidenten en goede sprekers, kijk welke werken bij jouw persoonlijkheid en gebruik ze in jouw repertoire. Je wilt misschien wel Obama's C hand of Donald Trump's gebruik van de spitse toren overnemen.

Wat je ook kiest, het moet natuurlijk zijn voor je.

"Niets verhindert een ding zo erg om natuurlijk te zijn als wanneer we onszelf inspannen om het zo te laten lijken."

Francois de La Rochefoucauld

29. WEES ONWEERSTAANBAAR

Ze zijn aanlokkelijk. Ze zijn charismatisch. Ze zijn charmant. Ze zijn raadselachtig. Ze hebben een onontkoombare aanwezigheid.

Ze hebben iets speciaals.

Ze eisen aandacht.

Dit zijn slechts enkele aantrekkelijke kwaliteiten die mensen opvallen aan goede sprekers.

Hoe zou jij charismatisch willen worden.

Hoe zou jij aandacht willen afdwingen.

Wat als je onweerstaanbaar zou kunnen zijn.

Dat is gemakkelijk.

Kijk op. Maak oogcontact.

Velen maken de fout van rechtop staan en naar beneden kijken.

Anderen kijken overal behalve op de plek waar het toe doet: het publiek.

Ik snap dat je nu denkt, "Maar Kevin, het is zo overweldigend om naar een publiek te kijken van 5,50,500 of misschien zelfs

5000 mensen".

Relax. We gaan het her-labelen.

Je gaat niet met vijfhonderd mensen spreken.

Je gaat één op één het gesprek aan, en dat 500 keer.

Verdeel het publiek in gedachten in 6 stukken, afhankelijk van waar ze zitten.

Linksachter	Midden	Rechtsachter
Linksvoor	Midden	Rechtsvoor

Elke keer als je een punt maakt kijk je naar één van de secties.

Belangrijker nog, kijk naar een gezicht dat geactiveerd lijkt door wat je zegt.

Kijk ze recht in hun ogen en maak je punt.

Spreek alsof je met hen praat, één op één.

Wanneer de tijd is aangebroken voor je volgende punt kijk je naar een nieuw segment, kies een gezicht uit en maak je punt.

Je zult merken dat je langs alle segmenten gaat, en elke keer als je een punt maakt heb je een één op één gesprek met iemand in het publiek.

Opeens gaan al die rondjes van één op één behoorlijk aantikken totdat je een flink deel van je publiek hebt gehad.

Voordeel:

Je maakt één op één connecties.

Je creëert fans die je bewonderen.

Je bewerkt het publiek zodat ze betrokken worden.

Maak één op één verbindingen door mensen in hun ogen te kijken en je blik aan te houden (op een zachte niet enge manier) terwijl je je punt maakt.

Je ogen zijn inderdaad de ramen naar je ziel en als je dit op een ontwapenende manier doet zal je publiek recht in je kijken en voelen dat je oprecht bent.

Ze zullen je onweerstaanbaar vinden, en jij zult het voelen.

30. DE STEM

Jij wilt gehoord worden.

Jij wilt begrepen worden.

Jij wilt je boodschap duidelijk overbrengen.

Jouw vermogen om te spreken met een stem die autoriteit, vertrouwen, enthousiasme en grootte uitstraalt voegt waarde toe aan wat je zegt.

Dit verlangen leidt echter vaak tot een veelgemaakte fout door hard te gaan praten.

Ze willen dat hun boodschap overkomt dus schreeuwen ze.

"Hoe minder mensen weten,

hoe harder ze schreeuwen."

Seth Godin

Schreeuwen zal je niet helpen je boodschap over te brengen. Het zal pijn doen aan de oren van je publiek, en afbreuk doen aan wat je wilt zeggen.

Let op: als je te zacht spreekt zal dit ook afbreuk doen aan wat je te zeggen hebt. Je publiek zal gaan zitten mompelen met elkaar om erachter te komen wat je aan het zeggen bent.

Jij wilt een indrukwekkende stem.

Jij wilt een duidelijke stem.

Jij wilt een authentieke stem: jouw stem.

Door vocale afwisseling te gebruiken kun je gewicht toekennen aan bepaalde punten.

Blijdschap, verdriet, empathie, passie, het kan allemaal worden overgebracht met je stem.

Bedenk dat wat je zegt kan fungeren als de lijnen van een plaatje in de gedachten van je publiek. Je voegde schaduw toe door je houding, bewegingen en gebaren. Nu geeft je stem het kleur en brengt het plaatje tot leven.

Zodra we beginnen samen te werken zeg ik cliënten dat ze moeten stoppen met het gebruik van hun luie houding stem. Je weet wel, de houding (en daardoor ook de stem) die je hebt na een lange vermoeiende dag.

Je voelt jezelf hangen, en hebt alleen nog maar zin om op de bank te ploffen.

Gebruik geen valse lucht tijdens het praten.

Je wilt en moet een sterke stem hebben, die uit je kern komt.

Plaats je hand net onder je ribbenkast en voel hoe je adem haalt, terwijl je diafragma uitzet. Hierdoor zou je hand naar voren en achteren moeten bewegen (niet op en neer).

Herinner je Mama's les? Tien keer diep ademen, en dan beginnen.

Heb extra aandacht zodat je je stem vanuit je diafragma oproept.

Het voelt in het begin wat raar, maar dit is je echte stem: je authentieke stem.

Met wat oefening zal je het publiek boeien met je authentieke stem.

Je zult een ongelooflijk gevoel van autoriteit, controle en rust hebben, als je van zo'n diepte spreekt.

Je publiek zal een enorm verschil horen en ervaren.

Welkom bij je stem van de toekomst.

31. IK WIL OBAMA ZIJN

Nee hoor (ook al kun je het niet ontkennen, Obama is een geweldige spreker)

Maar dat wil je echt niet

Oké, ik zal degene zijn die je hart breekt, en het gewoon zal zeggen.

Je zult *nooit* Obama zijn.

Aan de andere kant, Obama kan ook nooit jou zijn.

De fout die velen maken (en je zie dit wanneer meisjes zich verminken door plastische chirurgie te ondergaan) is dat ze iemand anders willen zijn.

Je kan niemand anders zijn dan jezelf.

Begin geen gevecht wat je niet kunt winnen.

Het beste wat je ooit zou kunnen bereiken is om 'als Obama' te zijn. En om op iemand te lijken is niet echt een compliment.

Je kunt niet een betere Obama zijn dan hijzelf, en hij kan geen betere jou zijn dan jij.

Je kunt alleen de beste versie van jezelf worden.

Gebruik het zijn van Obama als inspiratie, niet imitatie.

Ben Jezelf.

Doe als Jezelf.

32. BLACK OUT

Wat gebeurt er als je daar staat te spreken en je hebt opeens een black out?

Maak je geen zorgen, het gebeurt nu eenmaal wel eens.

"De menselijke hersenen beginnen te werken vanaf het moment dat je geboren wordt, en stoppen pas op het moment dat je staat te spreken"

George Jessel

Ik zal je twee technieken meegeven die je voor altijd zullen helpen bij het spreken:

a) De eerste techniek is gebruik maken van triggers.

In je verhaallijn kunnen triggers je helpen dingen te herinneren en je punten met elkaar te verbinden. Je kunt één of alle van de volgende technieken gebruiken.

i) Nummer je delen (1. 2. 3. 4. 5.).

ii) Verhalen met omslagpunten (hoogte en dieptepunten,

die je mentaal naar het volgende stuk leiden).

iii) Het gebruik van je vingers (dit is het maken van een fysiek lijstje om je te helpen je gedachten te ordenen).

iv) Lichaamsbeweging (Bepaalde punten en bewegingen in je verhaallijn leiden tot een visie van wat er komen gaat).

b) De tweede techniek is al besproken: her-labelen.

Her-label je publiek van aartsvijand tot vriend.

Je bevindt je tussen vrienden.

Waar zijn vrienden voor?

Denk aan ze alsof ze zeggen, in de woorden van Jerry McGuire , *"Help mij, Help jou"*

Als je ooit een echte black out hebt en niet meer weet waar je gebleven was, wees dan eerlijk en vraag het publiek om hulp.

Ik doe het. En ik word betaald om te spreken.

Ik heb herhaaldelijk tegen mijn publiek gezegd: "weet je wat? Ik ben net een goudvis die net uit het water is want ik heb geen idee wat ik zojuist zei. Waar was ik ook al weer?"

Het publiek lacht (1 punt), ze zien mijn oprechtheid (1 punt) en ze participeren actief door mij (en zichzelf) te herinneren waar ik gebleven was (1 punt).

Opeens heb je datgene waar de meeste mensen bang voor zijn omgedraaid, en er iets positiefs van gemaakt.

Dit is het voordeel van het publiek als je vrienden zien.

Nou waar was ik? Juist ☺

33. ARRIVEER OP TIJD

Waar ga je spreken?

Ga vast kijken, krijg een gevoel voor de plek, loop wat rond.

Het is onvoorstelbaar hoeveel dit je eindresultaat kan beïnvloeden.

Of het nu de dag van te voren is, of een uur ervoor. De plek zien waar je gaat spreken, weten waar je gaat staan, de setup zien, een gevoel voor de grootte van de zaal krijgen, het geluid checken, het helpt allemaal.

Je hersenen slaan de context, het gevoel en de omgeving op. Wanneer je vervolgens terug komt om te spreken, ben je rustig omdat je de plek herkent.

Let goed op wat ik nu ga zeggen.

Door vroeg te arriveren kun je als informele host fungeren, de toeschouwers ontmoeten als ze binnenkomen, hun voornamen leren en een verstandhouding opbouwen.

Dit zal ertoe leiden dat de mensen die je ontmoet, je meteen al een stuk leuker vinden.

Als mensen je leuk vinden, vertrouwen ze je.

Als ze je vertrouwen, zullen ze naar je luisteren.

Feit is dat, omdat jij de tijd neemt met ze te praten, de kans dat ze je leuk vinden, je gaan vertrouwen wanneer het erop aankomt, en naar je gaan luisteren enorm verhoogt.

"Je kan geen omelet maken zonder eieren te breken"

Proverb

34. OP MAAT GEMAAKT

Betrek het publiek en laat ze deel uit maken van wat je zegt.

Zoals een passend pak, niets is meer aanlokkelijk dan een op maat gemaakte boodschap.

Je zult opvallen en pienter overkomen.

Je boodschap zal resoneren in het publiek. Ze zullen zich verbonden voelen.

Probeer altijd te begrijpen:

1. Wie je publiek is?

2. Wat de context is? Is er een brandende vraag?

3. Waarom ga je spreken?

4. Wat wordt er van je verwacht wanneer je gaat spreken?

Probeer constant je boodschap op maat te maken, bij elke gelegenheid die je krijgt.

Voorbeeld A: Je kunt een punt maken door je publiek te bedanken dat ze van veraf gekomen zijn om bij de internationale lancering van je product te zijn door te zeggen: *"Zoals Tony Gonzales die hierheen*

*is gekomen vanaf Mexico om samen hier te zijn, wil ik iedereen
bedanken voor het vrijmaken van jullie tijd en om de moeite te
nemen om hierheen te komen"*

Voorbeeld B: Je representeert je overheid en geeft een lezing op
een "green energy" conferentie die draait om het gebruik van de
slimme jeugd.

Na vroeg te arriveren ontmoet je een aantal bezoekers, een van hen
is een meneer in de dertig die duidelijk erg gepassioneerd is over
het onderwerp. Hij vertelt je wat zijn team aan het implementeren
is.

Als onderdeel van de punten die je in een, goed in elkaar gezette en
duidelijke lezing maakt, betrek je het gesprek als een real-life
voorbeeld van het punt dat je maakt.

*"Ik geloof dat we onbeperkte hoeveelheden groene energie hebben
en belangrijker, talent dat overal om ons heen is. Neem bijvoorbeeld
Khalid, die mij enkele briljante ideeën vertelde waar hij en zijn team
de afgelopen jaren aan gewerkt hebben. Ik zal hem zeker blijven
volgen, maar ik kan u zeggen, de mogelijkheden en talenten zijn
overal om ons heen. We moeten gewoon wakker worden en er actief
naar opzoek gaan."*

Onthoud: we vinden het allemaal prettig als er op ons wordt
aangepast.

35. HANTEER DE OLIFANT

Als er een olifant in de kamer is, wijs hem dan aan.

Crisis en ontslagen? Benoem het.

Problemen voor de boeg? Benoem ze.

Zijn er fouten gemaakt? Benoem ze.

Een belangrijke dag in de geschiedenis. Benoem het.

Of het nu onzinnig is, of belangrijk, kwesties moeten behandeld worden.

Enkele jaren geleden, sprak ik tijdens een toer. Op een conferentie in de Verenigde Arabische Emiraten sprak ik tijdens de hoofdlezing tegen een groep. 15 minuten later kwam de eerste vraag, die niets te maken had met mijn lezing.

Een jonge dame achterin kreeg een microfoon en vroeg "waar komt uw accent vandaan?"

Vanwege mijn achtergrond en het feit dat ik veel reis heb ik een soort niemandsland accent verworven.

Ik dacht dat het een klein en onbelangrijk aspect was, maar dat was niet zo.

Het was een olifant die eraan in de weg stond om mijn boodschap over te krijgen. Een les waarmee ik geleerd heb in het begin om te gaan, voordat ik mijn lezing start.

Sommige olifanten zijn groter dan anderen.

Kruip in de stoel van je publiek.

Probeer uit te vogelen wat ze denken.

Hebben ze vragen? Zorgen?

Kijk niet zomaar over alles heen, hanteer het van te voren.

Warren Buffet's holding company Berkshire Hathaway (waarvan een enkel aandeel meestal meer dan $100.000 waard is) beginnen meestal hun vroege jaarrapport door investeerders te vertellen waar het mis is gegaan, samen met de uitdagingen die ze ervaren hebben. Daarna praten ze pas over de resultaten.

Als je publiek voelt dat er een kwestie benoemd moet worden, doe dat dan.

Doe je het niet, dan verdoe je je tijd.

Je publiek zal je niet horen.

Dat kunnen ze niet.

Er staat een olifant in de weg.

"Intellectuelen lossen problemen op,
genieën voorkomen ze."

Albert Einstein

36. OEFENING IS OVERGEWAARDERD

Dat is het niet.

Zodra je boodschap in een stroom is gestructureerd is oefenen een must.

Vele jaren geleden ontmoette ik Sir Anthony Hopkins in Sydney. De ongelooflijke indruk die deze man maakt in de rollen die hij speelt komt niet door onvoorbereid op de set op te dagen. Hij bekeek een verhaal duizenden keren. Hij werd echt het karakter dat hij speelde. Zo groot was zijn toewijdingen aan de kunst van spreken en acteren.

Ik zeg niet dat je elke keer in een karakter moet veranderen (nou ja, eigenlijk zou je dat wel moeten doen, als je de tijd hebt) maar realiseer je wel dat de beste sprekers onvermoeibaar oefenen.

Hoe meer je oefent, des te meer blink je uit in comfort en zelfverzekerdheid en je zal des te meer indruk maken.

Hoe meer je hebt geoefend, hoe meer je op je gemak zult zijn met je boodschap.

Je focus kan dan veranderen om met meer impact te presenteren.

Alles wat ik met je heb gedeeld in dit boek zal er voor zorgen dat je met gemak kunt oefenen.

De beste politici en CEOs oefenen lang en hard. Ze vinden de tijd in hun schema om te oefenen. Ze doen het de hele dag, nacht, tijdens lunch pauzes, tussen meetings, terwijl ze op straat lopen, in de toiletten, letterlijk overal. Je zou zelfs mij door de stad kunnen zien lopen als een kip zonder kop, pratend tegen mezelf. Het is oefening.

Neem nou cabaretiers, ze verzinnen nieuwe dingen en testen ze in kleine barretjes. Ze krijgen feedback door te zien wat leuk is, en wat niet, wat verfijnd moet worden en wat weg moet.

Bij elke kans die je krijgt, moet je oefenen.

Oefen mentaal, fysiek, visueel en vocaal.

Je kunt geen teksten lezen en dat oefenen noemen.

Ze noemen het spreken. Je moet praten.

Als je jezelf hoort spreken kun je oppikken wat veranderd moet worden, hoe je inhoud stroomt, wat er nog bij moet, wat er af moet. Het is verbazingwekkend hoe veel je zelf kunt corrigeren simpelweg door te luisteren en voelen terwijl je zelf praat.

Als je de tijd hebt, doe een beroep op wat vrienden. Misschien heb je een kat die je kunt treiteren. Als dat niet gaat, doe dan een beroep op de beste onontkoombare feedback die je kunt krijgen: de spiegel aan de muur.

"Wees niet bang om tegen jezelf te praten. Het is de enige manier om zeker te zijn dat iemand luistert."

F.P. Jones.

37. DE DAG DES OORDEELS

Beoordeel nooit een boek op de kaft.

En toch doen we het allemaal.

Je publiek zal over je oordelen, of je het nu leuk vindt of niet, of je het nu verdient of niet.

Het is jouw verantwoordelijkheid om ze voor je te winnen op elk gebied.

Hier zijn een paar snelle en makkelijke punten waarop je moet scoren.

Ik heb dit toegevoegd omdat ik tot en met vandaag de dag verbaasd ben over waarom gezond verstand niet zo verstandig blijkt te zijn.

1. Zorg dat je er goed uit ziet. Ik zou dit niet hoeven zeggen, maar ik doe het toch. Kleed je goed. Kleed je voor de gelegenheid. Dress To Impress. En als je twijfelt, overdress dan.

2. Ruik fris. Opnieuw, het is heel logisch, we vinden mensen die lekker ruiken leuk. Neem een douche voordat je moet spreken. Je moet schoon en fris zijn. Een vies geurtje hebben is oncomfortabel en leidt je publiek af.

3. Voel je goed, van top tot teen. Draag alleen datgene waar je

je prettig bij voelt. Trek geen zijden shirt aan van 300 euro als je allergisch bent voor zijde. Het maakt niet uit hoeveel je betaald hebt, of hoe gaaf het eruit ziet op film. Je wilt er goed uitzien, niet als iemand die vlooien van zijn borst probeert te krabben.

38. TIME'S UP

Het publiek applaudisseerde: omdat ze hem weg wilden hebben.

Je publiek zal het niet waarderen als ze verteld zijn dat een sales presentatie 30 minuten duurt, en het blijken er 90 te zijn. Of dat een lezing slechts 8 minuten zal duren en het worden er 27.

Houd je aan de tijd. Of beter, zorg dat je klaar bent voor de tijd om is.

Niemand zal klagen als je korter bezig bent.

Jouw publiek zal het waarderen als je op tijd of voortijds klaar bent.

Het gevoel dat je moet nastreven bij je publiek is dat van "ik wil meer".

Of je nu een zakelijke pitch doet van drie minuten op TV, een bestuursvergadering voorzit, of op een podium spreekt, houd je aan de tijd.

Dit is een onbespreekbaar criterium voor je image en uiteindelijke resultaten.

Verlaat je publiek als ze nog meer willen.

"Wees serieus, wees kort, en zit."

Franklin Roosevelt

39. VISUEEL SUCCES

Visualiseer dat je een goede lezing geeft.

Visualiseer de interacties.

Zie het publiek dat voor je applaudisseert omdat ze van je lezing genoten hebben.

Het publiek was betrokken.

Ze begrepen je duidelijke boodschap en zijn geïnspireerd om in actie te komen (afhankelijk van het doel van je lezing).

Visualiseer het totale proces van jezelf die een goede lezing heeft gepresenteerd met impact, van begin tot eind.

Jij hebt het geflikt.

Herhaal deze visualisatie zo vaak als je kunt.

Je geest maakt geen onderscheid tussen feit en fictie.

Als het tijd is voor actie zal je onderbewuste zeggen, "hee, dit ziet er bekend uit. Hier ben ik al eerder geweest. Ik weet precies wat ik moet doen. Let's rock and roll".

"Er zijn altijd drie speeches voor elke speech die je gegeven hebt. De speech die je voorbereid hebt, die je gaf, en die waarvan je zou willen dat je hem gegeven had."

Dale Carnegie

40. STA OP EN SPREEK!

Mensen zoals Martin Luther King, Winston Churchill en John F. Kennedy gebruikten de verbeelding van hun publiek, hun mensen, hun land.

Zij brachten hun boodschap op een manier waardoor zowel zij, als de boodschap herinnerd zouden worden.

Jij kan hetzelfde doen, wie je ook bent, in wat voor positie je je ook bevindt.

Ik noem deze 'geweldenaren' omdat zij begonnen zijn op een plek die de meesten van ons maar al te goed kennen.

Martin Luther King (MLK) bereikte en resoneerde niet alleen met zijn publiek door het oplezen van woorden. Hij gaf ze leven. Hij raakte ze in hun hart en ziel.

Dit komt met oefening. MLK kreeg een "6" tijdens zijn spreekbeurtlessen op college.

Winston Churchill (WC) inspireerde een natie. Onbekend bij velen, was hij geen getalenteerde spreker. Hij spendeerde uren, dagen, weken achter elkaar om zijn speeches te oefenen en te verfijnen.

Als je het moet weten, WC leed aan zweterige handpalmen en tranende ogen als hij oefende voor zijn speeches. Hij stotterde ook.

John F Kennedy (JFK) werkte hard om een man te worden die een geweldige spreker symboliseerde. Dat vergde oefening, coaching en moeite.

JFK was een man bij wie de knieën en handen beefden in het begin van zijn carrière.

De algemene bevinding is dat deze geweldige sprekers tijd hebben gestoken in het ontwikkelen en verfijnen van hun spreek skills totdat het een kunstvorm werd.

Jij kunt hetzelfde doen.

Coaching, moeite, focus, wetenschap, oefen: voor altijd.

Dit boek heeft je genoeg gegeven om te beginnen.

Jij kunt alleen beter presenteren, je beter voelen en beter worden door actie te ondernemen!

Laat je boodschap gehoord worden. Spreek!

"Word zo goed dat je wel op moet vallen"

Steve Martin

OP EEN SCHAAL VAN 1 TOT 10

HOE VOEL JE JE NU MET BETREKKING TOT

JE VERMOGEN OM TE SPREKEN?

1   2   3   4   5   6   7   8   9
10

Niet zo zeker   Totaal zeker

KUNNEN WIJ JOU EN JE ORGANISATIE HELPEN?

Voice Projection

Body Language

Speech Writing

Presentation Skills Training

Sales Presentation Training

Public Address Training

Stage Skills

Media Training

Shadowing

ONZE DIENSTEN BESTAAN ONDER MEER UIT

In-person boutique one on one training

Executive Communication and Leadership Coaching

Private workshops for groups

Crisis Management

Communication Consultancy

VERZOEKEN OM TE BOEKEN:

Info@KevinAbdulrahman.com

"Het ontwikkelen van uitmuntende communicatievaardigheden is absoluut essentieel voor effectief leiderschap.

De leider moet kennis en ideeën kunnen overbrengen om een gevoel van urgentie en enthousiasme teweeg te brengen bij anderen.

Als een leider geen duidelijke boodschap kan overbrengen die anderen motiveert ernaar te handelen, dan heeft het hebben van die boodschap geen zin."

Gilbert Amelio

www.ingramcontent.com/pod-product-compliance
Lightning Source LLC
Chambersburg PA
CBHW070909180526
45168CB00005B/1987